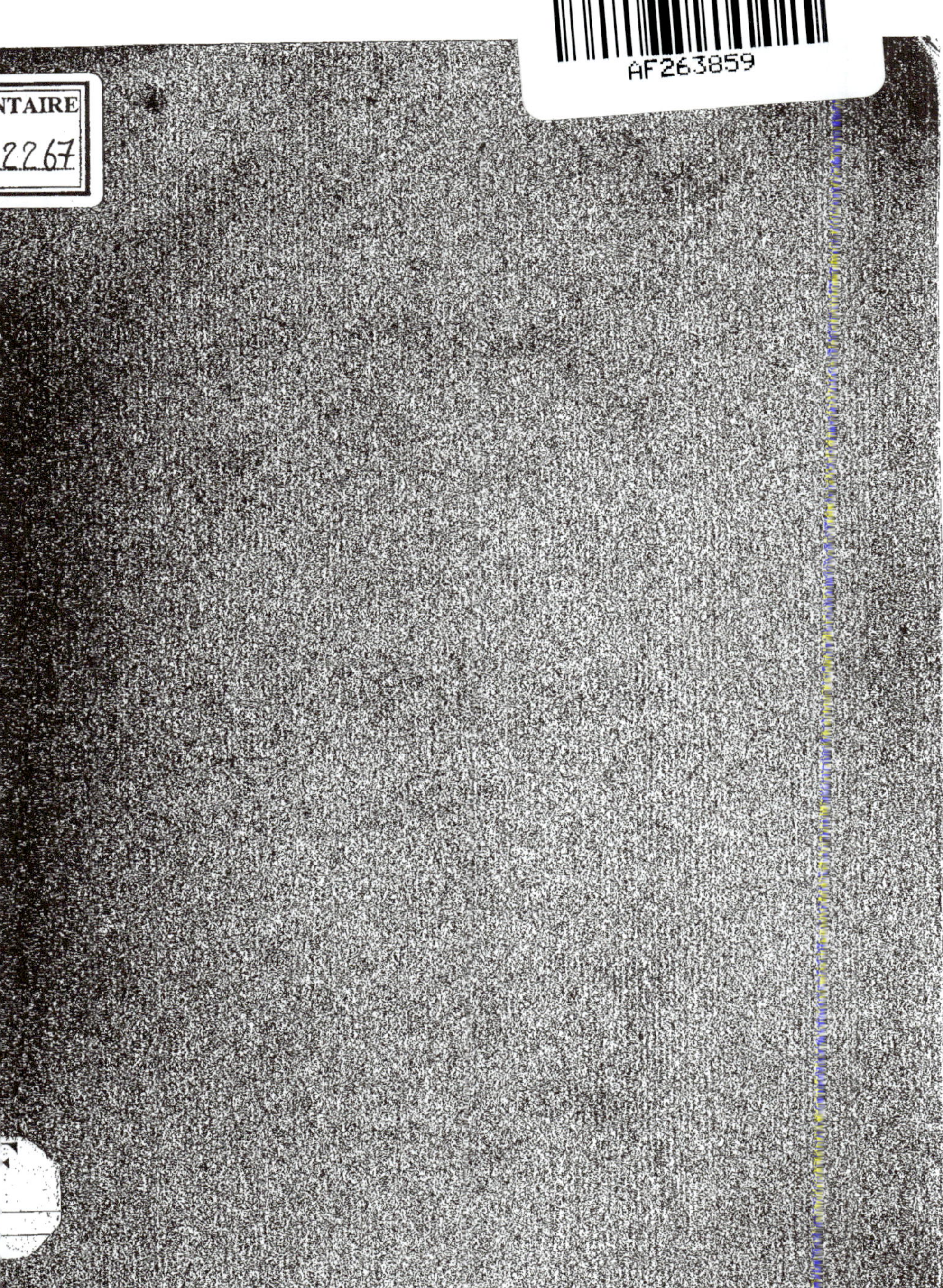

SÉPULTURES

PUBLIQUES ET PARTICULIÈRES.

La Piété naturelle commande le respect pour les Morts; un Gouvernement sage le garantit.

PAR AUTORISATION DU MINISTRE DE L'INTÉRIEUR.

AN IX.

PRÉFACE.

Aujourd'hui que tous les efforts du Gouvernement tendent à rappeler les hommes à la pratique des vertus sociales ; aujourd'hui que, dans sa puissance, les citoyens trouvent une garantie pour leurs opinions religieuses ; aujourd'hui que chacun peut, sans inquiétude, se livrer aux élans qu'inspire l'amour du bien, une Société se présente avec confiance pour répondre aux vœux tant de fois exprimés par tous les êtres sensibles.

La manière dont on recueille à présent la cendre des morts, est entièrement opposée au vœu de la nature et au caractère des Français : un tel oubli de devoir doit cesser. Déja plusieurs citoyens éclairés ont cherché à rendre au peuple le plus policé, l'usage d'une morale réclamée depuis longtemps. Mais c'est peu, sans doute, que de parvenir à honorer les restes précieux de l'homme avec la dignité qu'exigent les convenances sociales et les affections particulières, il faut encore que les moyens d'exécution soient tellement combinés qu'ils puissent s'accorder avec chaque classe de citoyens ; il faut que tout individu puisse rendre aux mânes de ses proches, les témoignages expensifs de sa douleur et de ses regrets ; il faut que l'être sensible qui survivra à une mère tendre, à une épouse chérie, à un ami sincère, trouve un soulagement à ses peines dans le respect que l'on porte à leurs cendres.

Tels seront les avantages que procurera l'établissement de Sépultures que nous présentons. Nous osons nous flatter d'avoir atteint entièrement le but que nous nous sommes proposé, d'allier sans cesse l'exactitude du service à la décence, la pompe à la moralité, et de dérober à la sensibilité tout ce qu'il y a eu, jusqu'à présent, de déchirant dans ces sortes de cérémonies.

Un char (*dont la forme lugubre indiquera l'usage auquel il est destiné*) partira de l'administration pour prendre le corps, à l'heure prescrite, et le portera à son dernier asile; des voitures de deuil conduiront les parents et amis du défunt jusqu'au lieu de sa sépulture, et les ramèneront jusqu'à celui où elles les auront pris. Une marche lente et silencieuse sera religieusement observée pendant la durée du convoi.

Un terrain vaste, planté de saules pleureurs, de cyprès, et entouré de murs, sera consacré à recevoir les restes inanimés des propriétaires de caveaux ou de tombeaux, qui décéderont. Ce terrain deviendra le dépôt sacré de tout ce qui nous fut cher: il sera sous la sauve-garde du gouvernement, puisque les vertus sociales auront concouru à sa destination. Les enfants n'auront plus à redouter les outrages dont, naguères encore, on couvrait le tombeau de leurs pères; l'époux se livrera sans crainte à tout le charme de sa douleur, et pourra visiter l'ombre d'une épouse adorée ; le père, qu'un regret juste et durable rappellera aux lieux où reposeront les cendres de son fils, sera libre de répandre des larmes sur sa tombe ; ceux, enfin, que des souvenirs chers attacheront à la mémoire de leurs bienfaiteurs, trouveront un lieu de paix dans cet asile consacré au recueillement et à la reconnaissance. Un temple, élevé au milieu de cette enceinte, sera ouvert à toutes les personnes auxquelles les affections religieuses impriment le respect pour les morts.

INTRODUCTION.

En ouvrant les annales des nations, en comparant leurs préjugés et leurs mœurs, en rapprochant les temps les plus éloignés, on reconnaît aisément que les différents peuples ont éprouvé le besoin pressant d'honorer le souvenir de ceux qu'ils avaient aimés : aussi, parmi les objets de leur vénération particulière, remarque-t-on toujours avec attendrissement les hommages qu'ils rendaient à la mémoire des morts, et la solennité avec laquelle ils célébraient leurs obsèques. Les uns précipitaient, dans des buchers ardents, les corps de leurs proches, devant lesquels ils se prosternaient, et en recueillaient les cendres ; les autres ensevelissaient ces tristes dépouilles dans des étoffes précieuses, et les déposaient avec respect dans le sein de la terre ; d'autres embaumaient ces enveloppes mortelles, afin de dérober aux éléments les débris que réclamait leur amour. Ceux-ci imprimaient leurs regrets sur l'écorce des arbres, à l'ombre desquels ils confiaient religieusement les restes de leurs compagnes ; ceux-là faisaient graver sur l'airain les emblèmes de leur douleur, pour en décorer ensuite la tombe de leurs mères. Tant d'exemples divers de piété naturelle, ne seront pas perdus. Le garant de cette vérité est le desir bien exprimé de réparer les outrages faits aux sépultures, et dont une bonne civilisation les préservera à l'avenir.

L'époque est arrivée où le peuple français, en reprenant son heureux caractère, va retrouver, dans les jouissances morales, le dédommagement de tous les maux qu'il a soufferts. Déja les plus belles institutions sont créées sur tous les points de son territoire ; chaque jour en voit encore s'élever de nouvelles. Là, l'infortune trouve un aliment préparé par les mains de la bienfaisance ; ici, la vieillesse reçoit un asile assuré contre les infirmités ; ailleurs, l'enfant auquel on dérobe l'héritage de ses pères, accourt avec sécurité se réfugier dans ce lycée, où l'innocence ne compte que des défenseurs.

Il semblerait, au premier coup-d'œil, qu'un si grand nombre d'établissements utiles ne laissât plus rien à desirer : cependant il manque encore un moyen de réunion pour tous les êtres sensibles ; c'est le point où viendront se rallier toutes les affections et tous les souvenirs chers, l'INHUMATION. Il n'est pas un père tendre, pas un fils reconnaissant, pas un mortel vertueux qui ne gémisse de ne pouvoir donner à ceux des siens auxquels il survit, les témoignages sincères de ses regrets ; il n'en est pas un qui n'accuse en secret le sort, de lui interdire la douceur de pouvoir visiter la tombe où repose celui dont il pleure la perte ; il n'en est pas un, enfin, qui n'aspire après le moment où il lui sera permis d'immortaliser sa douleur et son amour.

C'est pour réaliser des vœux aussi doux, qu'une Société

se présente avec confiance. Les habitants de la capitale accueilleront, sans doute, un travail dont le but religieux est l'expression de leur volonté. Etranger à tout ce qui est immoral, cet établissement ne peut espérer de soutien que 'ans l'estime publique. Comme un seul jour ne suffit pas pour la conquérir, l'Administration, qui sent toute l'importance des obligations qu'elle contracte, ne connaîtra que le besoin de les remplir : ses efforts s'accroîtront en raison des difficultés, et la mesure de son courage sera toujours celle de ses devoirs.

SÉPULTURES PUBLIQUES.

RÈGLEMENT.

ARTICLE PREMIER.

LE prix de chaque convoi sera de 50 francs.

ART. I I.

Ces 50 francs serviront à subvenir aux dépenses indiquées ci-après.

1.º Le cercueil.

2.º Le drap mortuaire.

3.º Un char attelé de deux chevaux.

Il ira prendre le corps du défunt à l'heure prescrite, et le conduira à son dernier asile. Quatre hommes vêtus de noir, le suivront à pied, et ne quitteront le décédé que lorsqu'il sera rendu dans le lieu de la sépulture.

4.º Une voiture de deuil pour les parents ou amis qui devront faire partie du convoi.

5.º Un cheval convenablement équipé pour l'Inspecteur chargé de constater l'inhumation.

ART. I I I.

Ceux qui voudront augmenter le nombre de chevaux pour traîner le char, donneront un supplément de 10 francs par paire.

ART. I V.

Chaque voiture de deuil qui sera fournie en sus de la première, se payera 12 francs.

ART. V.

Lorsque les parents ou amis du décédé voudront présenter son corps à un temple quelconque, avant que de l'inhumer, ils payeront pour ce transport, le quart de la valeur du convoi.

A R T. V I.

Les voitures de deuil ramèneront toujours les parents ou amis à la demeure du décédé.

A R T. V I I.

Quand les parents ou amis du décédé jugeront à propos de ne point prendre de voitures de deuil, l'administration leur déduira la somme de 12 francs.

A R T. V I I I.

L'administration versera le *vingt-cinquième* du prix de chaque convoi dans la caisse de bienfaisance de l'arrondissement du décédé.

SÉPULTURES PARTICULIÈRES.

RÈGLEMENT.

TITRE PREMIER.
Description du lieu de sépulture.

ARTICLE PREMIER.

Un terrain vaste, situé hors des barrières, planté d'arbres et entouré de murs, sera consacré à recevoir les corps des propriétaires de caveaux ou de tombeaux qui décéderont. Ce terrain sera divisé de manière à ce que les cendres de ceux qui différencient dans leurs opinions religieuses ne soient jamais confondues.

ART. II.

Un Temple sera élevé au milieu, où les parents et amis des décédés auront la liberté de leur rendre tous les honneurs conformes à leur culte. La construction de ce temple sera telle par sa division intérieure, qu'il n'y aura rien à craindre des profanations respectives.

ART. III.

Chaque tombeau de famille aura quatre mètres de long et autant de large (12 ... 3 ... 8 ... $\frac{132}{160}$ en tout sens), y compris les arbres qui lui serviront de limites.

ART. IV.

Au centre de la superficie de chaque tombeau de famille, on placera une pierre sur laquelle seront désignés le nom et les prénoms du propriétaire; on y gravera aussi successivement les noms, les prénoms, l'époque de la naissance et celle de la mort de tous ceux qui y seront inhumés.

ART. V.

Il y aura aussi des tombeaux particuliers pour ceux qui, sans postérité, ne voudraient point acquérir un tombeau de famille. On placera également sur chacun de ces tombeaux, une pierre portant la même inscription que celle des tombeaux de famille.

A r t. V I.

Chaque tombeau aura 2 mètres 32 centimètres de long sur un mètre, 32 centimètres de large, (7 ... ^{pieds} en longueur et 4 ... ^{pieds} en largeur).

T I T R E S E C O N D.

Prix des tombeaux.

A R T I C L E P R E M I E R.

Le prix de chaque tombeau de famille, y compris la pierre pour épitaphe, sera de 50 francs.

Plus le dixième du prix de l'achat pour frais d'inscription.

A r t. I I.

Les tombeaux de familles seront héréditaires, et les parents auront seuls le droit d'y être inhumés, excepté ceux qui en auraient été exclus par un vœu manifesté du propriétaire.

A r t. I I I.

Le prix de chaque tombeau particulier sera de 21 francs.

On payera en outre le dixième de cette somme pour frais d'inscription.

A r t. I V.

Ceux qui voudront acquérir des tombeaux, devront se faire inscrire à l'administration qui prendra acte de leur soumission.

A r t. V.

Le soumissionnaire n'aura aucun frais à payer avant que d'être appelé pour réaliser sa soumission. Cet appel se fera aussitôt qu'il y aura *cinq cents soumissionnaires*, époque à laquelle l'administration commencera son service.

(13)

A r t. V I.

Tout acquéreur de tombeau de famille, seulement, pourra se
libérer en deux payements égaux, savoir : le premier au moment
où on lui délivrera son titre d'acquisition, et le deuxième trois mois
après. Les frais d'inscription seront acquittés en entier, lors du premier paiement.

A r t. V I I.

Si un propriétaire de tombeau de famille décédait avant que d'a-
voir fait son second payement, ses héritiers devront l'effectuer
pour lui.

TITRE TROISIÈME.

De la Pompe funèbre.

A R T I C L E P R E M I E R.

Les frais d'inhumation pour chaque décédé, seront de 5o francs,

A r t. I I.

Ces 5o fr. serviront à subvenir aux dépenses indiquées ci-après.
1.º Le cercueil.
2.º Le drap mortuaire.
3.º L'ouverture du tombeau.
4.º L'épitaphe.
5.º Un char attelé de deux chevaux.

Il ira prendre le corps du défunt à l'heure prescrite et le conduira
à son dernier asile. Quatre hommes vêtus de noir le suivront à pied
et ne quitteront le décédé que lorsqu'il sera rendu dans le lieu de
sa sépulture.

6.º Une voiture de deuil pour les personnes qui feront partie du
convoi.

7.º Un cheval, convenablement équipé, pour l'Inspecteur chargé
de constater l'inhumation.

(14)

A r t.   I I I.

Ceux qui voudront augmenter le nombre de chevaux pour traîner
le char, donneront un supplément de 10 francs par paire.

A r t.   I V.

Quand les parents et amis du décédé se trouveront en trop
grand nombre pour être placés dans une seule voiture, d'autres
leur seront fournies. Cette dépense supplémentaire sera de 12 fr.
par voiture.

A r t.   V.

Toutes les fois que les proches ou les amis du décédé voudront
présenter son corps à un autre temple que celui de l'établissement,
pour célébrer ses obsèques, le char et les voitures de deuil les conduiront à l'église qu'ils indiqueront. Le prix de ce transport sera
du quart de la valeur du convoi.

A r t.   V I.

Les voitures de deuil ramèneront toujours les parents ou amis
à la demeure du décédé.

A r t.   V I I.

Lorsqu'un propriétaire de tombeau, ou tout autre ayant droit
d'être inhumé dans l'enceinte de l'établissement, décédera hors des
limites de Paris, tous les frais extraordinaires de transport seront
au compte de ses héritiers.

A r t.   V I I I.

Aucun tombeau ne pourra être ouvert dans l'enceinte de l'établissement, aucune pompe funèbre exécutée pour le transport
des corps qui devront y être inhumés, que par le ministère de
l'administration.

(15)
TITRE QUATRIÈME.

Des précautions à prendre avant l'inhumation.

ARTICLE PREMIER.

Dès qu'un propriétaire de caveau ou tombeau décédera, ses héritiers devront de suite en instruire l'administration.

ART. II.

L'administration fera enlever le corps du défunt pour le conduire au lieu de sépultures, vingt-quatre heures après sa mort dûment constatée, afin de n'avoir jamais à se reprocher des torts que l'erreur ne saurait excuser aujourd'hui.

TITRE CINQUIÈME.

Des Caveaux.

ARTICLE PREMIER.

Au pourtour de l'enceinte de l'établissement, il sera réservé des emplacements propres à faire construire des caveaux, dont l'étendue sera limitée, suivant le vœu des familles. Le prix de ces caveaux sera fixé par l'administration, d'après l'état de dépenses que leur construction aura nécessité.

ART. II.

Il y aura des caveaux, en forme de chapelles ardentes, destinés à recevoir en dépôt les décédés qui, par leurs dernières volontés, auront exprimé vouloir être inhumés dans des lieux étrangers à l'établissement.

ART. III.

L'administration fera graver des Inscriptions, élever des Mausolées et édifier des monuments, tant sur la superficie des tombeaux et des caveaux, que dans l'intérieur de ceux-ci. Toutes ces catacombes seront établies au gré et aux frais de ceux qui les commanderont.

A r t. I V.

Ceux qui voudront confier à l'administration les soins attristan
qu'entraine après eux le cérémonial des derniers devoirs qu'on ren
à la cendre des morts, trouveront toute l'exactitude qu'ils ont dro
d'attendre d'elle.

A r t. V.

L'administration se chargera également de faire embaumer le
corps ; elle n'employera à cet effet que les hommes de l'art le
plus distingués.

T I T R E S I X I È M E.

Des Réclamations.

Toutes les demandes et réclamations de la part des propriétaire
de tombeaux, seront adressées par eux à l'administration, qui s
fera un devoir d'y satisfaire, en prenant constamment pour arbitr
le présent règlement dont elle ne s'écartera jamais.

T I T R E S E P T I È M E.

Bienfaisance.

L'administration, pénétrée de cet esprit de désintéressemen
qui doit animer sans cesse toute société digne de fonder un éta
blissement d'utilité publique, s'engage à verser le vingt-cinquième
du prix de chaque convoi dans la caisse de bienfaisance de l'ar
rondissement du décédé.

Nota. L'administration est établie rue du Doyenné, sous l'arcade, n.° 293,
près la rue Saint-Thomas-du-Louvre.

Ses bureaux sont ouverts tous les jours, depuis 9 heures du matin jusqu'à
4 heures du soir.

On y recevra les soumissions de ceux qui voudront acquérir ou un caveau
ou un tombeau.

Les personnes qui préfèreront soumissionner par voie de correspondance,
sont priées d'affranchir leurs lettres.

www.ingramcontent.com/pod-product-compliance
Lightning Source LLC
Chambersburg PA
CBHW051218050726
47594CB00007B/3266